새 교과서 완벽 반영 바르고 예쁜 글씨

글씨체 바로잡기와 받아쓰기

글씨 쓰기 기초 6
독서 단원 12

4-1 가
1단원 생각과 느낌을 나누어요 28
2단원 내용을 간추려요 36
3단원 느낌을 살려 말해요 46
4단원 일에 대한 의견 58
5단원 내가 만든 이야기 70

4-1 나
6단원 회의를 해요 80
7단원 사전은 내 친구 92
8단원 이런 제안 어때요 108
9단원 자랑스러운 한글 120
10단원 인물의 마음을 알아봐요 134

다시 한번 꼭꼭 다지기 141
단원별 받아쓰기 급수표 145

도서출판 학은미디어

지도하시는 분(학부모, 교사)께

- 국어 읽기와 쓰기는 전 교과 학습의 기초가 됩니다. 특히 글씨 쓰기는 두뇌 발달과 집중력 향상, 고운 심성을 기르는 데 매우 좋습니다.

- 글씨를 잘 쓰면 자연스럽게 학습 동기가 유발되고, 모든 일에 자신감을 갖게 되며, 다른 학습에도 전이 효과가 매우 큽니다.

- 연필 잡는 방법과 앉아 쓰는 자세는 글씨 쓰기에 큰 영향을 미치고, 신체 발육과 건강에도 관계됩니다. (국어 1-가 참조, 지속적으로 지도해 주십시오.)

- 글씨를 잘 쓴다는 것은 바르고 예쁜 글자의 모양〔字形〕을 이룬다는 것이므로, 자형에 관심을 갖고 인식하도록 지도하는 것이 중요합니다.

- 한글 자형의 구조를 관찰하여 인식하도록 도와줍시다.
  - 같은 낱자라도 자리잡는 위치와 어떤 낱자를 만나느냐에 따라 모양이 달라지기 때문에 획의 방향, 길이, 간격 등을 잘 관찰하면서 쓰도록 하면 효과가 큽니다.
  - 모범 글씨를 보고 쓴 자기 글씨를 비교·관찰하면서, 잘된 부분과 그렇지 않은 부분을 찾아보게 하면 바른 자형의 조건을 인식하는 데 도움이 됩니다.

- 4등분된 네모 칸에 중심을 잡아 글자를 배치하는 것이 어린이들에겐 쉽지 않기 때문에 글자의 시작 지점〔始筆點〕 선정을 잘하도록 도와줍시다.

- 이 책은 국어 3~4학년군 ❹-1가/나 교과서를 바탕으로 국어 학습의 기초를 다지고, 바르고 아름다운 글씨체를 익힐 수 있도록 엮었습니다.

- 하루에 너무 많은 분량을 쓰게 하면 글씨 쓰기에 흥미를 잃을 수 있습니다.

- 막연한 칭찬보다는 구체적으로 지적하며 칭찬해 주는 것이 효과적입니다.

이 책의 구성과 활용 방법

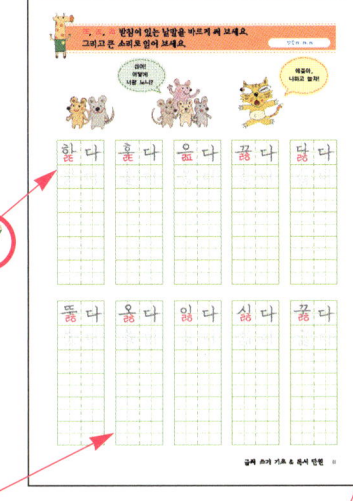

흐린 글씨를 따라 쓰고 빈칸에 여러 번 써 봄으로써 충실한 쓰기 연습이 이루어져요.

시원한 크기의 모눈 칸에 쓰도록 하여, 바르고 아름다운 글씨체를 재미있고 쉽게 익힐 수 있어요.

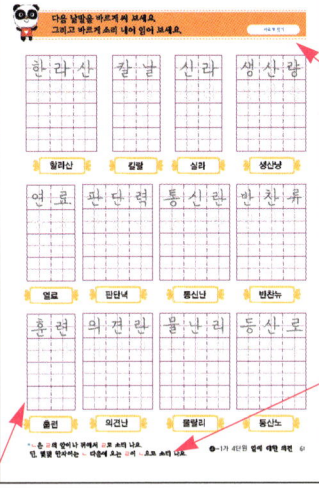

각 페이지의 주요 학습 내용을 밝혀 쓰기뿐만 아니라 우리말의 원리를 이해하는 데 도움이 되고, 국어 학습이 더욱 재미있어요.

도움말을 곁들여 머릿속에 쏙쏙 들어와요.

생생한 실물 사진과 재미있는 그림으로 학습 효과를 높이고 보는 즐거움을 더했어요.

〈국어〉〈국어 활동〉책의 내용이 골고루 담겨 있어, 국어 실력도 쑥쑥 자라나요.

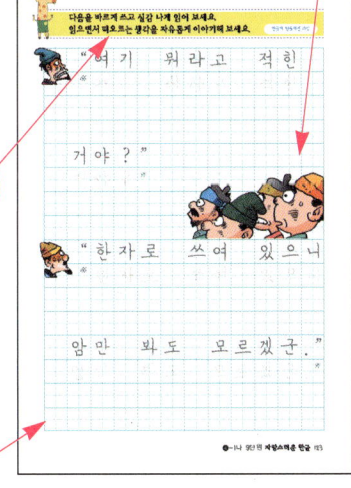

어린이가 꼭 알고 주의해야 할 사항을 지시문에 담았어요.

실제 원고지와 똑같이 꾸며, 쓰기 연습을 하면서 원고지 사용법과 문장 부호의 쓰임새를 자연스럽게 익힐 수 있어요.

바르고 고운 손글씨로 정통 글씨체를 체계적으로 충실히 익혀요.

초등학교 4학년 수준에 맞는 영어 단어도 곁들여 더욱 재미있어요. (영어 발음은 참고용으로, 국제 음성 기호에 최대한 가까운 우리말 표기를 곁들였어요.)

빈칸에 쓴 글씨는 지우개로 지우고 다시 연습해도 좋아요.

한 민족이 고유한 언어를 가지고 있고, 그 언어를 기록할 수 있는 고유한 글자를 가지고 있다는 것은 참으로 자랑스러운 일입니다.

이 지구상에서 사용되는 언어는 수천 가지에 이릅니다. 그러나 그 언어를 담아내는 글자를 가진 민족은 그 수보다 훨씬 적습니다.

우리도 세종 대왕께서 **훈민정음**, 즉 **한글**을 창제하시기 전까지는 중국의 한자를 빌려 사용하였습니다. 하지만, 배우기 쉽고 과학적인 한글을 갖게 됨으로써 민족에 대해 긍지를 갖게 되고, 문화와 문명도 더욱 발전하였지요.

그런데 기계 문명이 발달하고 세계화가 진행되면서 우리 말과 글이 날로 훼손되고 있습니다. 외래어를 마구 사용하고, 우리 말과 글을 이상야릇하게 왜곡하여 사용하며, 영어 등 다른 나라 말을 중요하게 여기는 경향이 있지요.

물론 세계화에 발맞추어 다른 나라 언어에도 관심을 기울여야 함은 당연합니다. 그러나 그보다 먼저 우리의 뿌리인 **국어**를 정확하게 알고, 바르게 사용할 줄 알아야 합니다.

이 책을 통해 바르고 아름다운 **글씨체**를 익히고, 아울러 **국어 학습**의 기초를 단단히 다져 국어 사랑, 나라 사랑을 실천하기 바랍니다.

— 엮은이 —

'훈민정음'은 '백성을 가르치는 바른 소리'란 뜻이에요. 백성을 위하는 마음이 빚어 낸 사랑의 발명품이지요.

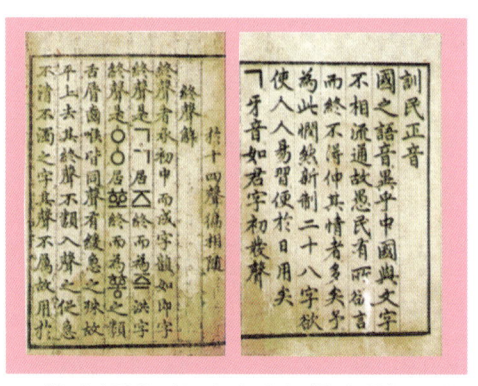

▲ '훈민정음'을 만들게 된 까닭, '훈민정음'에 대한 상세한 해설 등이 실린 책 〈훈민정음〉. 국보 제70호.

글씨 쓰기 기초 & 독서 단원

- 받침 'ㄲ, ㅆ, ㄳ, ㄵ, ㄶ, ㅄ, ㄺ, ㄻ, ㄼ, ㄽ, ㄿ, ㅀ'의 모양에 주의하며 낱말을 바르게 써 봅니다.

- 읽을 책을 정하고 내용 예상하기
- 국어사전을 활용하며 책 읽기
- 책 내용을 간추리고 생각 나누기

ㄲ과 ㅆ 받침이 있는 낱말을 바르게 써 보세요.
그리고 큰 소리로 읽어 보세요.

받침 ㄲ과 ㅆ

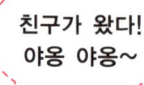

친구가 왔다!
야옹 야옹~

깎다	낚시	닭다	볶다	숙다

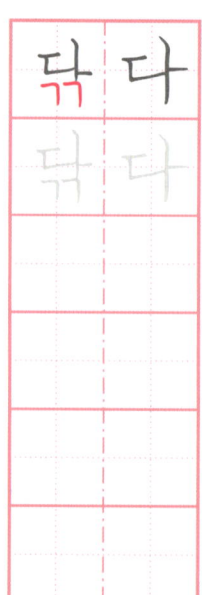

갔다	봤다	샀다	찾다	왔다

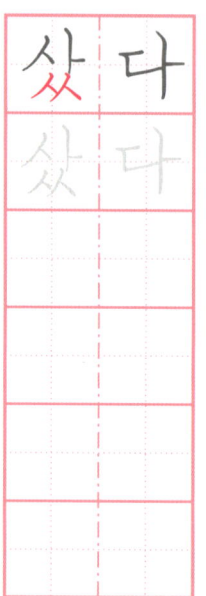
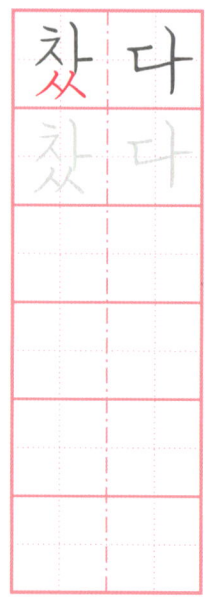

ㄳ, ㄵ, ㄶ, ㅄ 받침이 있는 낱말을 바르게 써 보세요.
그리고 큰 소리로 읽어 보세요.

받침 ㄳ, ㄵ, ㄶ, ㅄ

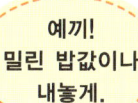
예끼! 밀린 밥값이나 내놓게.

그동안 밀린 품삯을 좀 주십시오.

| 넋두리 | 몫 | 뱃삯 | 품삯 | 앉다 |

| 얹다 | 많다 | 않다 | 없다 | 밥값 |

*붉은 부분을 잘 살펴보세요. 다른 낱말도 찾아보세요.

ㄹㄱ 받침이 있는 낱말을 바르게 써 보세요.
그리고 큰 소리로 읽어 보세요.

받침 ㄹㄱ

| 굵다 | 굵다 | 닭장 | 맑음 | 묽다 |

| 밝음 | 읽기 | 찰흙 | 늙다 | 갉다 |

ㄻ 받침이 있는 낱말을 바르게 써 보세요.
그리고 큰 소리로 읽어 보세요.

받침 ㄻ

이 과일을
부엌으로
옮기자.

| 굶다 | 닮다 | 삶 | 옮기다 | 젊다 |

| 짊어지다 | 만듦 | 젊은이 | 옮다 |

ㄼ 받침이 있는 낱말을 바르게 써 보세요.
그리고 큰 소리로 읽어 보세요.

받침 ㄼ

| 넓이 | 넓적다리 | 떫다 | 밟다 |

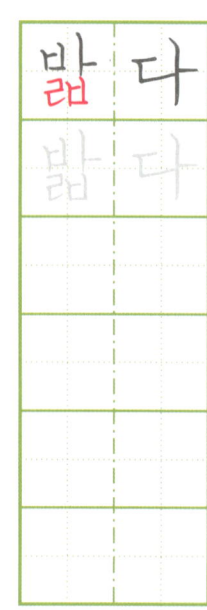

| 얇음 | 엷다 | 짧다 | 섧다 |

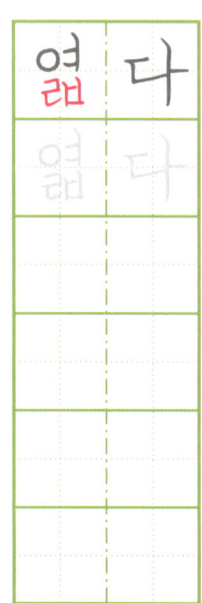
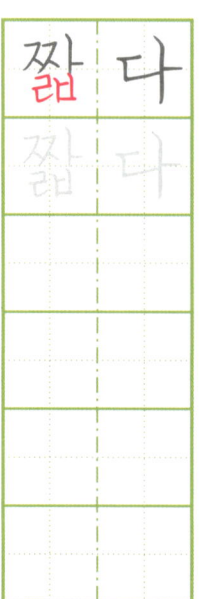
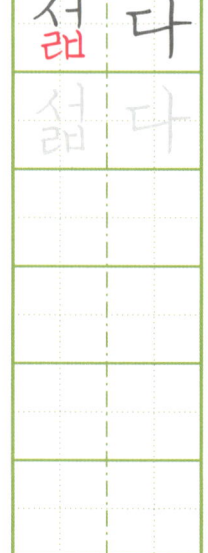

왜 저렇게
섧게 울까?
나처럼 웃어 봐!

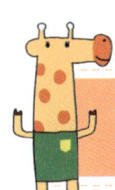

ㄾ, ㄿ, ㅀ 받침이 있는 낱말을 바르게 써 보세요.
그리고 큰 소리로 읽어 보세요.

받침 ㄾ, ㄿ, ㅀ

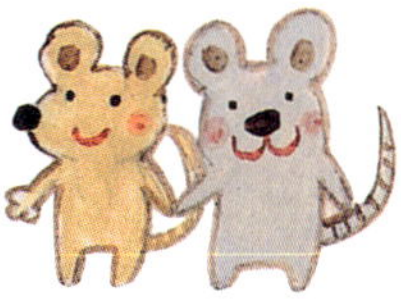

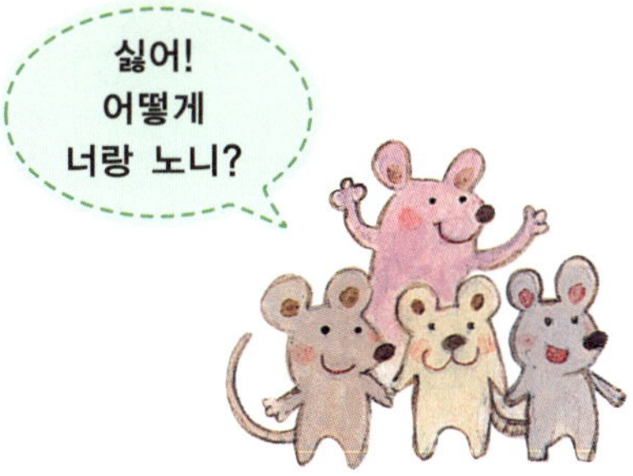

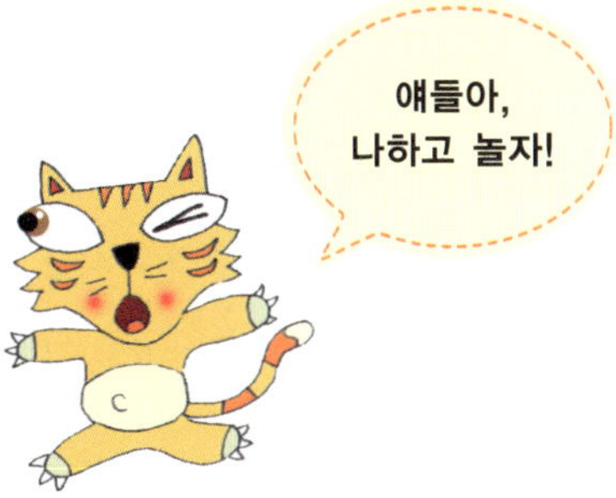

핥다	훑다	읊다	끓다	닳다
핥다	훑다	읊다	끓다	닳다

뚫다	옳다	잃다	싫다	꿇다
뚫다	옳다	잃다	싫다	꿇다

다음을 바르게 쓰고 큰 소리로 읽어 보세요.
인권이란 무엇일까요? 자유롭게 이야기해 보세요.

인권의 개념

인권의 개념

인권이란 우리가 사람

답게 살아갈 권리를 뜻

한다.

다음을 바르게 쓰고 큰 소리로 읽어 보세요.
자유와 인권에 대해 자유롭게 이야기해 보세요.

자유와 인권

자유는 인간이 가지는

권리 가운데에서 가장

기본적인 것이다.

다음을 바르게 쓰고 큰 소리로 읽어 보세요.
사회적 약자와 인권에 대해 자유롭게 이야기해 보세요.

사회적 약자와 인권

사회적 약자와 인권

현대 사회는 여러 사

람이 어울려 살아가는데

여자, 노인, 아이, 가난한

다음을 바르게 쓰고 큰 소리로 읽어 보세요.
사회적 약자와 인권에 대해 자유롭게 이야기해 보세요.

사회적 약자와 인권

사람, 장애를 가진 사람처럼 약자가 있다. 우리는 이들과 어울려 살아가고 이들을 보호할 의무가 있다.

다음을 바르게 쓰고 큰 소리로 읽어 보세요.
국가와 인권에 대해 자유롭게 이야기해 보세요.

국가와 인권

국가와 인권

국가는 모든 국민이

국가는 모든 국민이

평등하게 살아갈 수 있

평등하게 살아갈 수 있

도록 책임을 져야 한다.

도록 책임을 져야 한다.

다음을 바르게 쓰고 큰 소리로 읽어 보세요.
환경과 인권에 대해 자유롭게 이야기해 보세요.

환경과 인권

환경과 인권.

우리는 인간답게 살기

위해 아름다운 환경을

만들어야 한다.

다음을 바르게 쓰고 큰 소리로 읽어 보세요.
글의 내용을 간추리는 방법에 대해 살펴보세요.

글의 내용 간추리기

설명하는 글은 설명하
는 대상을 중심으로 중
요한 내용을 정리한 뒤
에 관련 있는 내용을

다음을 바르게 쓰고 큰 소리로 읽어 보세요.
글의 내용을 간추리는 방법에 대해 살펴보세요.

글의 내용 간추리기

덧붙이며 간추려요. 그리고 이야기 글은 인물이 한 일을 생각하며 사건의 흐름에 따라 간추려요.

다음을 바르게 쓰고 실감 나게 읽어 보세요.
누구에게 쓴 어떤 내용의 글인가요?

책을 읽고 생각 나누기

받는 사람 : 놀부

위 사람은 가난한 동

생을 돕지 않고 혼자만

부자가 되고 싶은 마음

다음을 바르게 쓰고 실감 나게 읽어 보세요.
누구에게 쓴 어떤 내용의 글인가요?

책을 읽고 생각 나누기

에 일부러 제비 다리를
부러뜨렸기 때문에 주의
를 줍니다.

다음을 바르게 쓰고 또박또박 읽어 보세요.
자신의 독서 활동에 대해 솔직하게 이야기해 보세요.

독서 활동 돌아보기

나에게 맞는 책을 정했다.

뜻을 모르는 낱말을 찾아 가며 읽었다.

다음을 바르게 쓰고 또박또박 읽어 보세요.
자신의 독서 활동에 대해 솔직하게 이야기해 보세요.

독서 활동 돌아보기

책을 읽고 생각이나 느낌을 잘 말했다.

정한 책을 꼼꼼히 읽었다.

탈것의 이름을 바르게 쓰고 큰 소리로 읽어 보세요.
영어 이름도 꼼꼼히 익히세요.

여러 가지 탈것

motorcycle[móutərsàikl] 모우터싸이클   car[káːr] 카아   bicycle[báisikl] 바이시클

오토바이   자동차   자전거

bus[bʌ́s] 버스   taxi[tǽksi] 택시   truck[trʌ́k] 트럭   subway[sʌ́bwèi] 써브웨이

버스   택시   트럭   지하철

탈것의 이름을 바르게 쓰고 큰 소리로 읽어 보세요.
영어 이름도 꼼꼼히 익히세요.

여러 가지 탈것

airplane [ɛ́ərplèin] 에어플레인   train [tréin] 트레인   ambulance [ǽmbjuləns] 앰뷸런스   ship [ʃíp] 쉽

비	행	기
비	행	기
비	행	기

기	차
기	차
기	차

구	급	차
구	급	차
구	급	차

| 배 |
| 배 |
| 배 |

 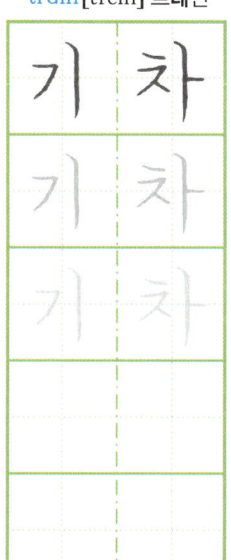  

helicopter [héləkàptər] 헬러캅터   fire engine [fáiər èndʒən] 파이어 엔전   spaceship [spéisʃìp] 스페이스쉽

헬	리	콥	터
헬	리	콥	터
헬	리	콥	터

소	방	차
소	방	차
소	방	차

우	주	선
우	주	선
우	주	선

다음을 바르게 쓰고 읽어 보세요.
국어사전을 잘 활용하면 읽기가 더욱 재미있어요.

독서와 국어사전

읽다가 뜻을 모르는

낱말이 나오면 국어사전

에서 정확한 뜻을 찾아

가며 읽어 봐요.

4-1㉮ 1~5단원

1단원 생각과 느낌을 나누어요
시나 이야기를 읽고 생각이나 느낌을 이야기해요

2단원 내용을 간추려요
글을 읽고 글의 내용을 간추려 알맞게 써요

3단원 느낌을 살려 말해요
자신의 생각과 느낌이 잘 드러나게 말하기

4단원 일에 대한 의견
사실과 의견을 생각하며 글을 읽고 써 봐요

5단원 내가 만든 이야기
이야기의 흐름을 파악하며 이어질 내용을 상상해 쓰기

여러 가지 가훈을 바르게 쓰고 읽어 보세요.
각 가훈에 담긴 뜻을 자유롭게 이야기해 보세요.

여러 가지 가훈

행복은 언제나 마음속에 있는 것

웃으면 복이 와요

황금 보기를 돌같이 하라.

최영 장군의 명언이지요.

경주 최씨 집안의 가훈을 바르게 쓰고 읽어 보세요.
이 가훈에 담긴 뜻을 자유롭게 이야기해 보세요.

경주 최씨 가훈

사방 백 리 안에 굶어 죽는 사람이 없게 하라.

굶어서 어지러운 모양이네.

저 훌륭한 가훈을 지금도 지키고 있대.

우리 모두 본받아야 할 가훈이지.

다음을 바르게 쓰고 큰 소리로 읽어 보세요.
시나 이야기를 읽고 생각이나 느낌을 이야기해 보세요.

이야기 읽고 생각 나누기

보청기를 빼서 인사말을 듣지 못하신 할아버지를 그냥 지나친 영우가 무례한 것 같다. 나

다음을 바르게 쓰고 큰 소리로 읽어 보세요.
시나 이야기를 읽고 생각이나 느낌을 이야기해 보세요.

이야기 읽고 생각 나누기

였다면 할아버지께서 계신 곳으로 가까이 다가가 인사를 드렸을 것이다.

낱말을 바르게 쓰고 또박또박 읽어 보세요.
꾸미는 말이 쓰인 문장도 잘 살펴보세요.

꾸미는 말(부사어)

| 깡충깡충 | 깜박깜박 | 쑥쑥 |

토끼가 깡충깡충 뛰다.   별이 깜박깜박 빛나다.   잎이 쑥쑥 뻗다.

| 부슬부슬 | 따그닥따그닥 |

비가 부슬부슬 내리다.   말이 따그닥따그닥 달리다.

| 두근두근 | 방실방실 |

가슴이 두근두근 설레다.   아기가 방실방실 웃다.

다음을 바르게 쓰고 또박또박 읽어 보세요.
'사이시옷'이 쓰인 말을 더 찾아보세요.

사이시옷

| 부잣집 | 머릿속 | 이삿짐 | 햇빛 |

| 어젯밤 | 아랫사람 | 나뭇잎 |

| 아랫마을 | 전깃줄 |

'부잣집'은 '부자'와 '집'을 합한 말이에요. 이렇게 두 말이 합쳐 한 말을 이룰 때, 뒷말의 첫소리가 된소리로 나거나, 앞말이 모음자로 끝날 때는 앞말에 ㅅ을 받쳐 적는데 이를 '사이시옷'이라고 해요. 뒷말의 첫소리 ㄴ, ㅁ 앞에서 ㄴ 소리가 덧나거나 하는 경우에도 ㅅ을 받쳐 적어요.

붉은 글씨에 주의하며 다음을 바르게 써 보세요.
그리고 큰 소리로 또박또박 읽어 보세요.

틀리기 쉬운 말

금방 갈**게**.

일찍 일어날**걸**.

무엇을 먹을**까**?

이 일은 내가 먼저 할**게**.

붉은 글씨에 주의하며 다음을 바르게 써 보세요.
그리고 큰 소리로 또박또박 읽어 보세요.

틀리기 쉬운 말

왜 늦을**꼬**?

누가 여기를 청소할**까**?

방이 왜 이리 좁을**꼬**?

너도 같이 왔으면 좋았을**걸**.

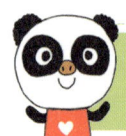

동물의 소리를 바르게 쓰고 큰 소리로 흉내 내 보세요.
다른 동물의 소리도 흉내 내 보세요.

동물의 소리

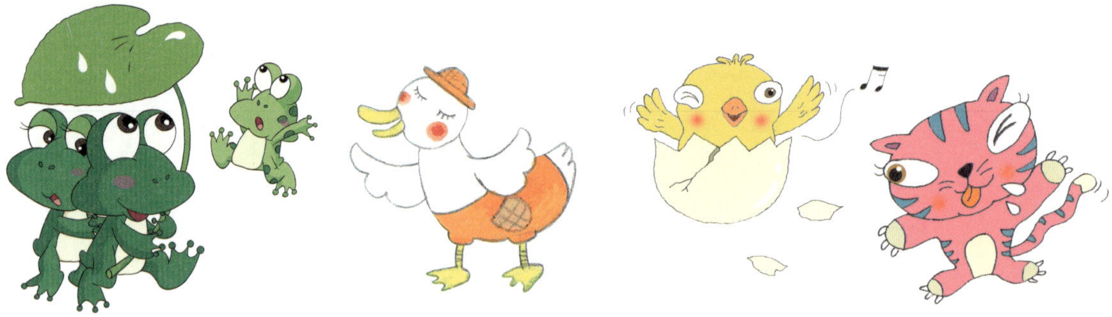

개굴개굴 어흥어흥 멍멍

개굴개굴 어흥어흥 멍멍

야옹야옹 꾀꼴꾀꼴 꽥꽥

야옹야옹 꾀꼴꾀꼴 꽥꽥

삐악삐악 꼬끼오 꼬꼬댁

삐악삐악 꼬끼오 꼬꼬댁

동물의 소리를 바르게 쓰고 큰 소리로 흉내 내 보세요.
다른 동물의 소리도 흉내 내 보세요.

동물의 소리

| 맴맴 | 지지배배 | 깍깍 | 음매 |

| 매 | 구구 | 부엉부엉 | 짹짹 |

| 귀뚤귀뚤 | 소쩍소쩍 | 찍찍 |

다음을 바르게 쓰고 큰 소리로 읽어 보세요.
글의 내용을 간추리는 방법에 대해 꼼꼼히 알아보세요.

글의 내용 간추리는 방법

각 문단의 내용을 파악한다.

문단의 내용을 대표하는 문장을 찾는다.

다음을 바르게 쓰고 큰 소리로 읽어 보세요.
글의 내용을 간추리는 방법에 대해 꼼꼼히 알아보세요.

글의 내용 간추리는 방법

각 문단의 중심 내용을 바탕으로 하여 글 전체의 내용을 간추린다.

다음을 바르게 쓰고 큰 소리로 읽어 보세요.
글의 내용을 간추리는 방법에 대해 꼼꼼히 알아보세요.

글의 내용 간추리는 방법

중심 문장을 연결해

글 전체의 내용을 간추

린다.

이야기에서 일어난 중

다음을 바르게 쓰고 큰 소리로 읽어 보세요.
글의 내용을 간추리는 방법에 대해 꼼꼼히 알아보세요.

글의 내용 간추리는 방법

요한 사건을 중심으로

간추린다.

글의 전개에 따라 내

용을 정리해 간추린다.

다음을 바르게 쓰고 읽어 보세요.
에너지를 절약하는 방법에 대해 자유롭게 말해 보세요.

에너지 문제

석탄, 석유, 가스, 전기

같은 에너지 자원은 한

없이 있는 것이 아니다.

다 쓰고 나면 더는 에

너지 자원을 구할 수

다음을 바르게 쓰고 읽어 보세요.
에너지를 절약하는 방법에 대해 자유롭게 말해 보세요.

에너지 문제

없게 된다. 특히 석유는
우리나라에서는 나지 않
아 외국에서 수입해 오
고 있다. 이처럼 중요한
에너지를 어떻게 절약해
야 할까?

다음을 바르게 쓰고 읽어 보세요.
날짜를 나타내는 순우리말을 더 찾아보세요.

날짜를 나타내는 말

| 하루 | 이틀 | 사흘 | 나흘 | 닷새 |

| 엿새 | 이레 | 여드레 | 아흐레 |

| 열흘 |

다음 낱말을 바르게 쓰고 또박또박 읽어 보세요.
각 낱말의 뜻을 알아보세요.

낱말

| 운혜 | 당혜 | 수혜 | 징신 | 꽃신 |

| 발막신 | 태사혜 | 갖바치 |

| 배악비 | 대청마루 | 울타리 |

다음을 바르게 쓰고 큰 소리로 읽어 보세요.
돈이 만들어진 까닭에 대해 자유롭게 이야기해 보세요.

돈이 생겨난 유래

사람들이 왜 돈을 만들었는지 아시나요? 물물 교환을 할 때 사람들은 서로 원하는 것도 다르고 각자가 생각하는

다음을 바르게 쓰고 큰 소리로 읽어 보세요.
돈이 만들어진 까닭에 대해 자유롭게 이야기해 보세요.

돈이 생겨난 유래

물건의 가치도 달라서

불편했다고 합니다. 그래

서 사람들은 물건의 가

격을 매길 수 있는 새

로운 물건을 생각해 낸

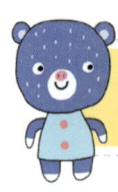

다음을 바르게 쓰고 큰 소리로 읽어 보세요.
돈이 만들어진 까닭에 대해 자유롭게 이야기해 보세요.

돈이 생겨난 유래

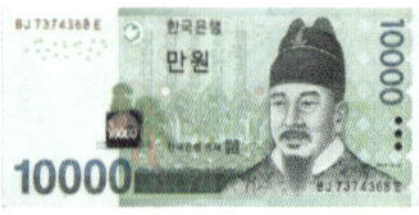

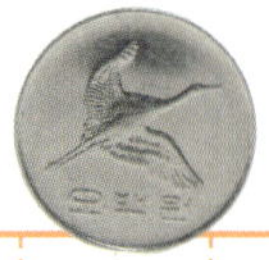
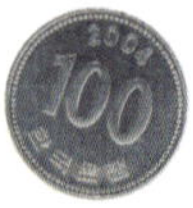

것이죠. 그것이 바로 돈
것이죠. 그것이 바로 돈

이랍니다. 최초의 돈은
이랍니다. 최초의 돈은

중국인들이 사용한 조개
중국인들이 사용한 조개

껍데기입니다.
껍데기입니다.

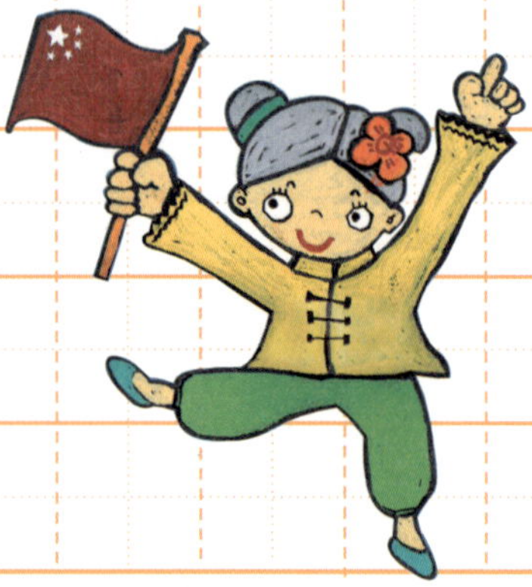

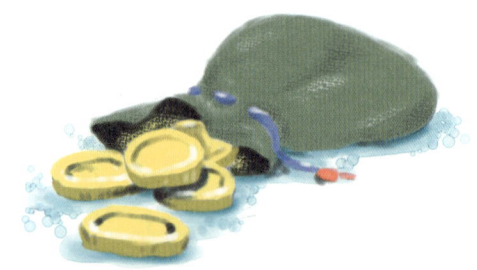

다음을 바르게 쓰고 또박또박 읽어 보세요.
말할 때는 듣는 사람을 고려해야 해요.

듣는 사람을 고려해 말하기

친구나 동생에게 말할 때와 선생님이나 어른들께 말씀드릴 때에는 다르게 표현해야 해요.

다음을 바르게 쓰고 큰 소리로 읽어 보세요.
자신의 생각을 담은 광고지를 만들어 보세요.

광고지 만들기

"괜찮아, 안전해."

'방심'이 하는 거짓

말에 속지 마세요.

안전사고는 나를 속이

다음을 바르게 쓰고 큰 소리로 읽어 보세요.
자신의 생각을 담은 광고지를 만들어 보세요.

광고지 만들기

는 작은 거짓말에서 시

작합니다.

계단에서 천천히 우측

보행   우측통행

띄어쓰기에 주의하며 다음을 바르게 쓰세요.
그리고 큰 소리로 읽어 보세요.

안전하게 계단 오르내리기

계단을 오르내릴 때

앞사람과 닿지 않도록

발을 잘못 디뎌

계단 난간을 넘거나

밀치거나 잡아당기는

다음을 바르게 쓰고 또박또박 읽어 보세요.
느낌을 살려 말하는 방법에 대해 이야기해 보세요.

상황에 맞게 말하기

알맞은 표정, 몸짓, 말투로 실감 나게 표현하면 듣는 사람도 그 일을 생생하게 느낄 수 있어요.

다음을 바르게 쓰고 큰 소리로 읽어 보세요.
띄어쓰기를 잘 살펴보세요.

바르게 띄어쓰기

그 길은 공사중이니

조심할 것.

그 일은 찬혜만 할

수 있어요.

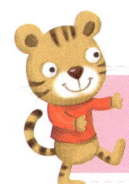

다음을 바르게 쓰고 또박또박 읽어 보세요.
띄어쓰기를 잘 살펴보세요.

바르게 띄어쓰기

너만 그걸 할 줄 아는구나.

너만 그걸 할 줄 아는구나.

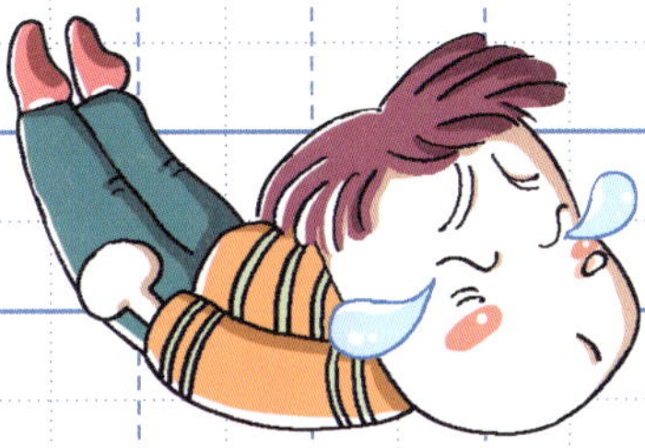

아는 것이 힘입니다.

아는 것이 힘입니다.

하다 보면 그럴 수 있지.

하다 보면 그럴 수 있지.

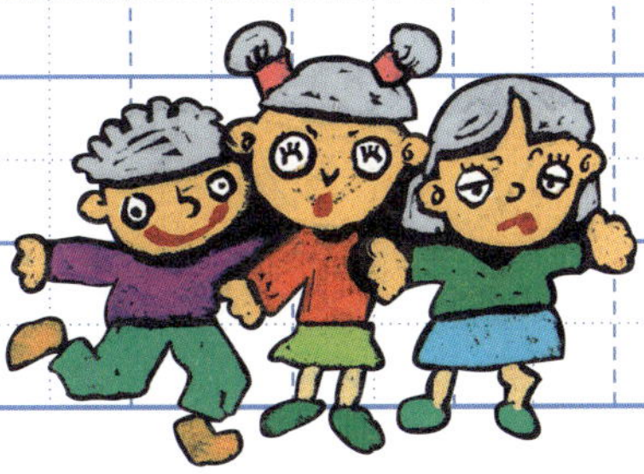

다음을 바르게 쓰고 또박또박 읽어 보세요.
띄어쓰기를 잘 살펴보세요.

바르게 띄어쓰기

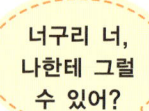
너구리 너, 나한테 그럴 수 있어?

나도 그럴 줄은 몰랐어요.

나도 그럴 줄은 몰랐어요.

제게 마실 것 좀 주세요.

다음을 바르게 쓰고 또박또박 읽어 보세요.
띄어쓰기를 잘 살펴보세요.

바르게 띄어쓰기

효원이는 하는 수 없이 터벅터벅 집에 돌아왔어요.

잘 들고 가던 물컵을 엎지를 줄이야!

다음을 바르게 쓰고 큰 소리로 읽어 보세요.
독도에 대해 자유롭게 이야기해 보세요.

우리 섬, 독도

우리는 울릉도에 가서

다시 독도로 가는 배를

탔다.

넓고 푸른 바다가 펼

쳐졌다.

다음을 바르게 쓰고 큰 소리로 읽어 보세요.
독도에 대해 자유롭게 이야기해 보세요.

우리 섬, 독도

독도에는 괭이갈매기뿐만 아니라 슴새, 바다제비 같은 텃새도 산다고 한다.

독도에서 동해를 바라

다음을 바르게 쓰고 큰 소리로 읽어 보세요.
독도에 대해 자유롭게 이야기해 보세요.

우리 섬, 독도

보니 가슴이 탁 트이는

것 같았다.

아름답고 생명력 넘치

는 독도가 우리 땅이라

는 것이 아주 자랑스러

웠다.

독도

다음 낱말을 바르게 써 보세요.
그리고 바르게 소리 내어 읽어 보세요.

바르게 읽기

한라산	칼날	신라	생산량
할라산	칼랄	실라	생산냥

연료	판단력	통신란	반찬류
열료	판단녁	통신난	반찬뉴

훈련	의견란	물난리	등산로
훌련	의견난	물랄리	등산노

* ㄴ은 ㄹ의 앞이나 뒤에서 ㄹ로 소리 나요.
단, 몇몇 한자어는 ㄴ 다음에 오는 ㄹ이 ㄴ으로 소리 나요.

다음을 바르게 쓰고 읽어 보세요.
사실과 의견을 구별해 보세요.

사실과 의견

들판에 꽃과 나무가
있고 하늘에는 구름이
떠 있어.
이렇게 아름다운 자연
을 아끼고 사랑하면 좋
겠어.

다음을 바르게 쓰고 또박또박 읽어 보세요.
각각 사실인지 의견인지 구별해 보세요.

사실과 의견

호랑이는 동물이다.

친구들과 사이좋게 지내야 한다.

여행을 하면 즐겁다.

동생이 자전거를 탄다.

다음을 바르게 쓰고 또박또박 읽어 보세요.
각각 사실인지 의견인지 구별해 보세요.

사실과 의견

엄마를 도와 설거지를 했다.

아침에 일찍 일어나야 한다.

물을 아껴 쓰자.

다음을 바르게 쓰고 또박또박 읽어 보세요.
각각 사실인지 의견인지 구별해 보세요.

사실과 의견

봄에는 꽃이 핀다.

나는 오이를 좋아한다.

책을 많이 읽자.

공부가 끝나고 교문을
나섰다.

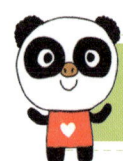

다음을 바르게 쓰고 또박또박 읽어 보세요.
각각 사실인지 의견인지 구별해 보세요.

사실과 의견

공공 예절을 지켜야 한다.

공공 예절을 지켜야 한다.

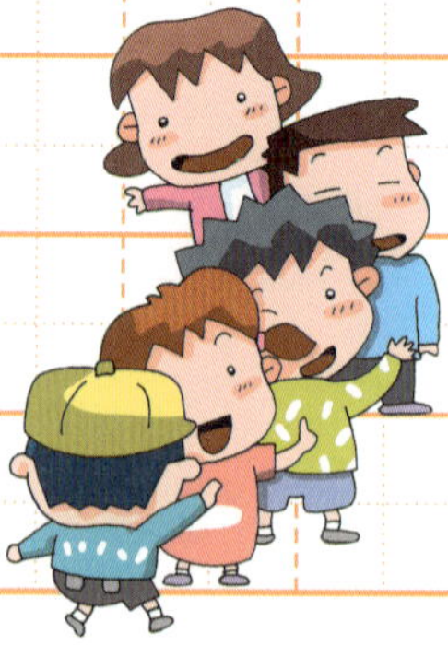

아기가 운다.

아기가 운다.

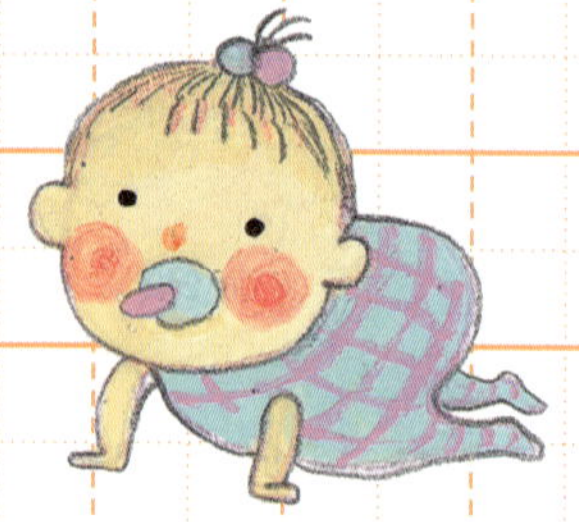

교실을 깨끗이 하자.

교실을 깨끗이 하자.

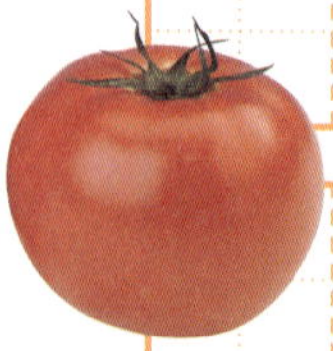

토마토는 채소이다.

토마토는 채소이다.

다음을 바르게 쓰고 또박또박 읽어 보세요.
각각 사실인지 의견인지 구별해 보세요.

사실과 의견

생일 선물로 꽃을 받았다.

사람은 동물을 사랑해야 한다.

초충도의 제목을 바르게 쓰고 읽어 보세요.
그림에 나오는 동물과 식물을 찾아보세요.

초충도

오이와 개구리

수박과 들쥐

맨드라미와 쇠똥벌레

초충도의 제목을 바르게 쓰고 읽어 보세요.
그림에 나오는 동물과 식물을 찾아보세요.

초충도

가지와 방아깨비

여뀌와 사마귀

양귀비와 도마뱀

다음을 바르게 쓰고 큰 소리로 읽어 보세요.
주제란 무엇이며, 주제는 어떻게 찾을까요?

글을 읽고 주제 찾기

이야기에서 나타내려고
하는 생각을 주제라고
해요. 주제를 찾을 때에
는 제목, 인물이나 행동,
일어난 일 따위를 살펴
봐요.

다음을 바르게 쓰고 또박또박 읽어 보세요.
주위에서 족자를 찾아보세요.

족자란?

그림이나 글씨 따위를

벽에 걸거나 말아 둘

수도 있도록 양 끝에

가로로 막대를 대어 만

든 물건   족자

띄어쓰기에 주의하며 다음을 바르게 쓰세요.
그리고 큰 소리로 실감 나게 읽어 보세요.

띄어쓰기

볼 만큼 보았어.

될 수 있는 대로 빨리 오세요.

소문으로만 들었을 뿐이에요.

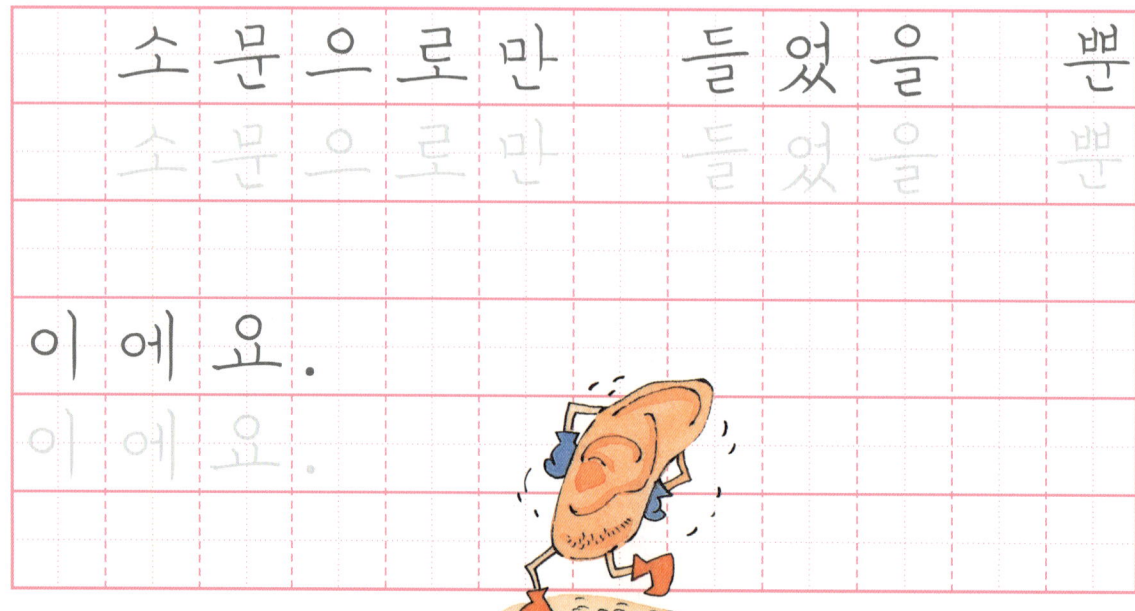

띄어쓰기에 주의하며 다음을 바르게 쓰세요.
그리고 큰 소리로 실감 나게 읽어 보세요.

띄어쓰기

노력한 만큼 얻게 될 거야.

원하는 대로 해 주겠습니다.

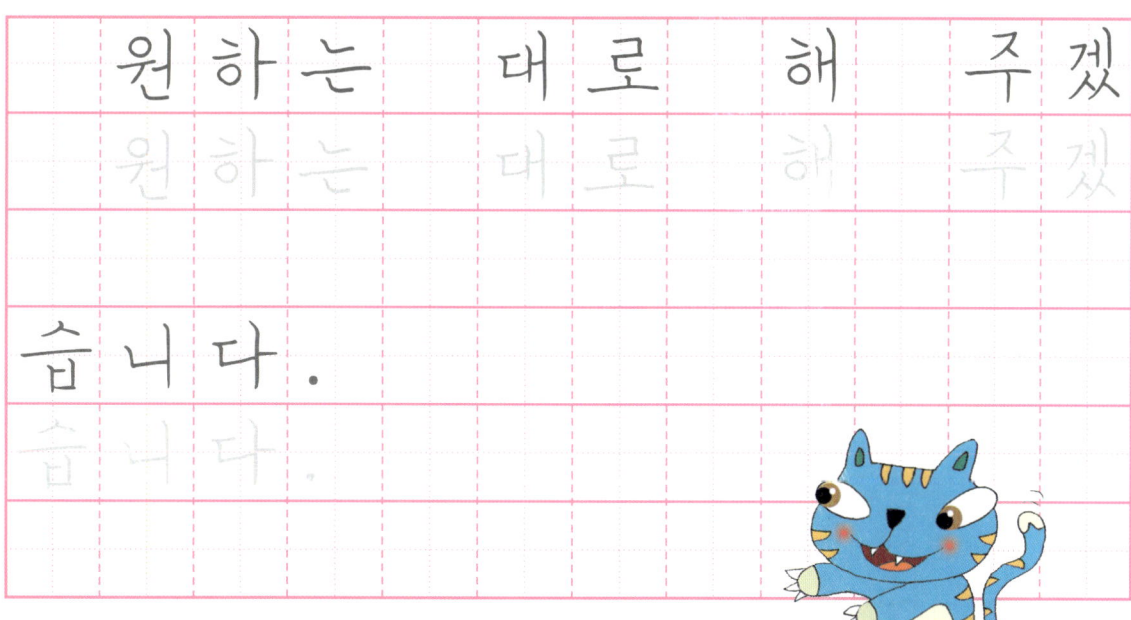

띄어쓰기에 주의하며 다음을 바르게 쓰세요.
그리고 큰 소리로 실감 나게 읽어 보세요.

띄어쓰기

모두 구경만 할 뿐이었어요.

교실 안은 숨소리가 들릴 만큼 조용했어요.

띄어쓰기에 주의하며 다음을 바르게 쓰세요.
그리고 큰 소리로 실감 나게 읽어 보세요.

띄어쓰기

솔직히 아는 대로 말해 봅시다.

말만 하지 않았을 뿐이지 모두가 알고 있어요.

다음을 바르게 쓰고 큰 소리로 읽어 보세요.
색깔을 나타내는 말을 더 만들어 보세요.

색깔을 나타내는 말

초록 고양이

노란 장화

빨간 우산

하얀 항아리

다음을 바르게 쓰고 큰 소리로 읽어 보세요.
색깔을 나타내는 말을 더 만들어 보세요.

색깔을 나타내는 말

검은 그림자

푸른 하늘

노란 점

파란 풍선

다음을 바르게 쓰고 큰 소리로 읽어 보세요.
무엇에 대해 설명한 글인가요?

만석꾼이란?

만석꾼은 곡식 만 섬

가량을 거두어들일 만한

논밭을 가진 큰 부자를

가리키는 말입니다.

❹-1나 6~10단원

6단원 회의를 해요
회의 절차와 참여자 역할을 알고 실천해요

7단원 사전은 내 친구
낱말의 뜻을 사전에서 찾아보며
글을 읽어요

8단원 이런 제안 어때요
제안하는 글 쓰기와 문장의 짜임

9단원 자랑스러운 한글
한글의 우수성을 이해하고,
한글을 바르게 사용해요

10단원 인물의 마음을 알아봐요
만화를 보고 생각과 느낌을 나타내 봐요

다음을 바르게 쓰고 큰 소리로 읽어 보세요.
어려운 낱말을 국어사전에서 찾아보세요.

학급 회의

별점 제도는 위험한

행동을 강력히 규제할

수 있다는 장점이 있지

만 학생들이 스스로 노

다음을 바르게 쓰고 큰 소리로 읽어 보세요.
벌점 제도에 대해 여러분의 생각을 이야기해 보세요.

학급 회의

력하기보다 벌점만 피하

면 된다는 생각을 할

단점도 있습니다.

벌점 제도는 좋은 점도 있지만 나쁜 점도 있어.

암, 그렇고말고. 벌점만 피하려고 하기 쉽지.

한자로 나타낼 수 있는 낱말을 바르게 쓰고 읽어 보세요.
한자도 꼼꼼히 살펴보세요.

한자에서 온 말

학급	회의	주제	발표	사회
學級	會議	主題	發表	司會

의견	체육	시간	표결	찬성
意見	體育	時間	票決	贊成

기악	합주	방해	참여	음식
器樂	合奏	妨害	參與	飮食

한자로 나타낼 수 있는 낱말을 바르게 쓰고 읽어 보세요.
한자도 꼼꼼히 살펴보세요.

한자에서 온 말

실천	내용	제안	결과	이상
實踐	內容	提案	結果	以上

폐회	부분	존중	절차	기록
閉會	部分	尊重	節次	記錄

선정	토의	발음	시작	물건
選定	討議	發音	始作	物件

다음 낱말을 바르게 쓰고 읽어 보세요.
회의 절차와 회의에서 맡은 역할에 대해 알아보세요.

회의 절차와 참여자 역할

개회	주제 선정		사회자
주제 토의	표결		참여자
결과 발표	폐회		기록자

다음을 바르게 쓰고 또박또박 읽어 보세요.
회의할 때 누가 지켜야 할 규칙인지 말해 보세요.

회의할 때 지켜야 할 규칙

골고루 말할 기회를

준다.

친구가 의견을 말할

때 끼어들지 않는다.

다른 사람의 의견을

존중한다.

다음을 바르게 쓰고 또박또박 읽어 보세요.
각각 누가 지켜야 할 규칙인지 말해 보세요.

사회자 허락을 받고

말한다.

중요한 내용을 요약해

서 말한다.

다음을 바르게 쓰고 큰 소리로 읽어 보세요.
회의 주제에 대해 자유롭게 이야기해 보세요.

깨끗한 고실을 만들자.

안전 게시판을 만들자.

학교생활을 안전하게 하자.

모둠별로 안전 지킴이 활동을 하자.

다음을 바르게 쓰고 큰 소리로 읽어 보세요.
그리고 학급 회의에 대해 자유롭게 이야기해 보세요.

학급 회의

안전 게시판을 만들면

좋겠습니다. 학교생활을

안전하게 하는 방법을

써 붙이면 안전사고를

예방할 수 있습니다.

다음을 바르게 쓰고 큰 소리로 읽어 보세요.
학급 회의에서 누가 한 말일까요?

학급 회의

이번 주 학급 회의

주제는 "학교생활을 안

전하게 하자."이고, 실천

내용은 "안전 게시판을

만들자."로 정했습니다.

다음을 바르게 쓰고 큰 소리로 읽어 보세요.
붉은색으로 쓰인 낱말의 발음을 잘 살펴보세요.

낱말의 발음

 먹을 : 머글

밥 먹을 시간입니다.

찾은 : 차즌

먼저 찾은 사람은 누구일까?

 낳았다 : 나았다

개가 강아지를 낳았다.

 좋아요 : 조아요

나는 친구가 좋아요.

다음을 바르게 쓰고 큰 소리로 읽어 보세요.
붉은색으로 쓰인 낱말의 발음을 잘 살펴보세요.

낱말의 발음

 닿았다 : 다았다

책상 위에 있는 책이
겨우 손에 닿았다.

 내려놓아라 : 내려노아라

물건을 조심히 내려놓
아라.

많아서 : 마나서

집이 많아서 너무 무
거워.

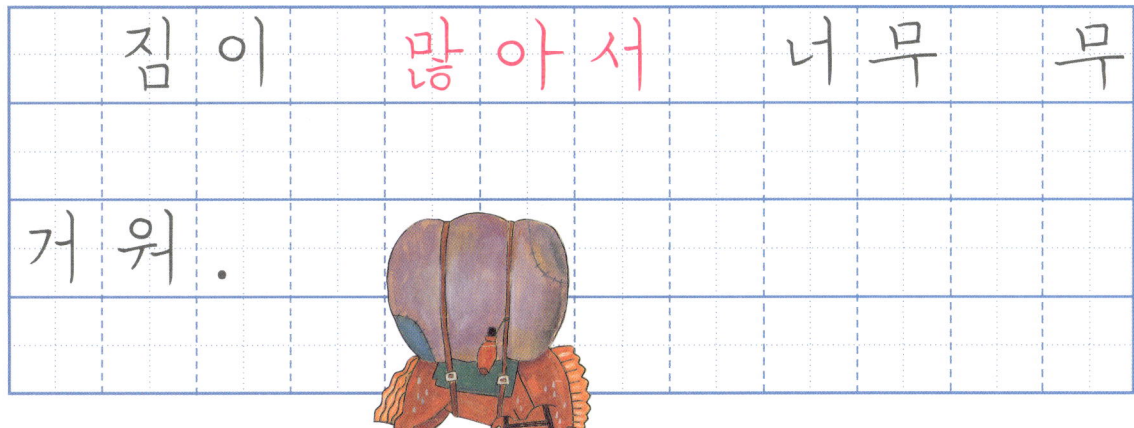

세계 여러 나라의 이름을 바르게 쓰면서 살펴보세요.
영어 이름도 함께 익히세요.

세계 여러 나라

Korea [kərí:ə] 커리이어

Brazil [brəzíl] 브러질

Vietnam [vì:etná:m] 비이에트나암

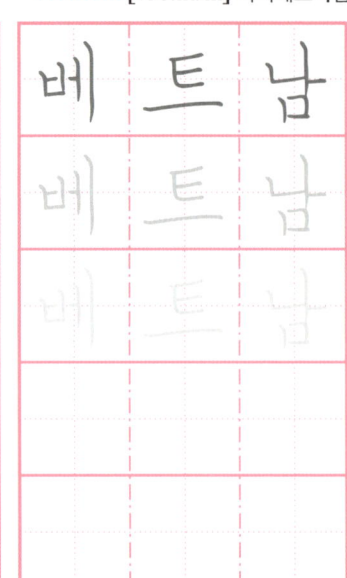

Iran [iráen] 이랜

Pakistan [pǽkistǽn] 패키스탠

Nepal [nəpɔ́:l] 너포올

China [tʃáinə] 촤이너

세계 여러 나라의 이름을 바르게 쓰면서 살펴보세요.
영어 이름도 함께 익히세요.

세계 여러 나라

New Zealand [njúːzíːlənd] **뉴 지일런드**   Turkey [tə́ːrki] **터어키**   Netherlands [néðərləndz] **네덜런즈**

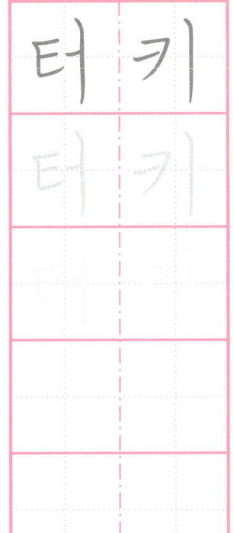
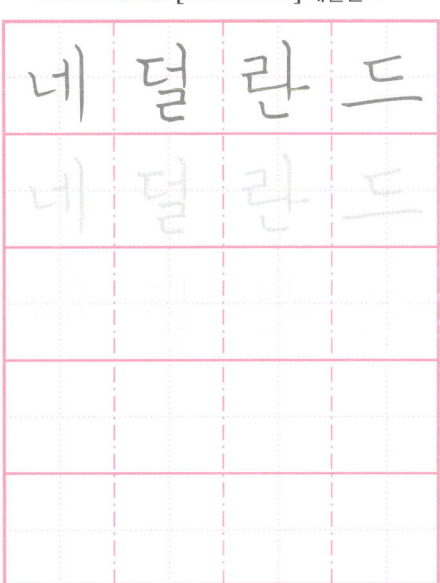

뉴질랜드   터키   네덜란드

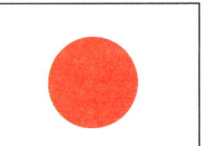

India [índiə] **인디어**   Japan [dʒəpǽn] **저팬**   Israel [ízriəl] **이즈리얼**   Thailand [táilænd] **타일랜드**

인도   일본   이스라엘   타이

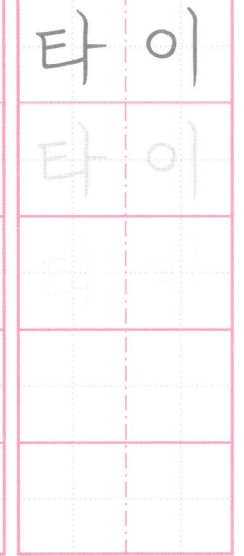

다음을 바르게 쓰고 큰 소리로 읽어 보세요.
화성에 대해 자유롭게 이야기해 보세요.

화성

화성에 물이 있는지는

과학자들은 물론 일반인

들도 관심이 많다. 물이

있다는 것은 화성인 또

다음을 바르게 쓰고 큰 소리로 읽어 보세요.
화성에 대해 자유롭게 이야기해 보세요.

화성

는 외계인까지는 아니더

라도 생명체가 있을 수

있다는 것을 뜻하기 때

문이다.

낱말을 바르게 쓰고 큰 소리로 읽어 보세요.
각 낱말을 국어사전에서 찾아보세요.

낱말

천체 우주선 사막 탐사선

궤도 협곡 행성 침식 퇴적

증거 증발 과제 정보 자원

다음을 바르게 쓰고 큰 소리로 읽어 보세요.
메주에 대해 자유롭게 이야기해 보세요.

메주

메주는 콩을 삶아서 찧은 다음 덩이를 지어서 띄워 말린 것입니다. 간장, 된장, 고추장 따위를 담그는 원료로 씁니다.

낱말을 바르게 쓰고 또박또박 읽어 보세요.
각 낱말을 국어사전에서 찾아보세요.

낱말

메주 곰팡이 볏짚 건넌방

햇볕 거죽 낼모레 말날

음력 함지박 숯불 항아리

낱말을 바르게 쓰고 또박또박 읽어 보세요.
각 낱말을 국어사전에서 찾아보세요.

낱말

| 종지 | 소반 | 새끼줄 | 가마솥 |

| 버섯본 | 금줄 | 찌꺼기 | 참숯 |

| 거품 | 보자기 | 날간장 | 사흘 |

다음을 바르게 쓰고 큰 소리로 읽어 보세요.
어려운 낱말을 국어사전에서 찾아보세요.

'엄연히'가 쓰인 문장

개는 엄연히 동물에

속합니다. 그것도 새끼를

낳아 젖을 먹여 키우는

포유동물입니다.

다음을 바르게 쓰고 또박또박 읽어 보세요.
'엄연히'의 뜻을 알아보고 아래 문장을 잘 살펴보세요.

'엄연히'가 쓰인 문장

누구도 감히 부정할

수 없을 정도로 명백히

우리가 사는 지구는

엄연히 태양계에 속하는

행성입니다.

다음을 바르게 쓰고 큰 소리로 읽어 보세요.
독도에 대해 자유롭게 이야기해 보세요.

'엄연히'가 쓰인 문장

독도는 엄연히 대한민국의 영토입니다. 그런데도 일본은 독도를 자기네 영토라고 억지 주장을 하고 있습니다.

다음을 바르게 쓰고 또박또박 읽어 보세요.
붉은 글씨를 잘 살펴보며 띄어쓰기를 정확히 익히세요.

띄어쓰기

지우개를 **사용해서** 글자를 지워요.

공장에서 나온 폐수가 땅에 **흡수되면** 환경이 오염돼요.

동생을 **공부시키기가** 힘들어요.

서로 뜻이 반대되거나 맞선 낱말을 쓰고 읽어 보세요.
서로 반대의 뜻을 가진 다른 낱말들도 찾아보세요.

뜻이 반대인 낱말

| 가다 | 오다 | 높다 | 낮다 | 시작 | 끝 |

| 처음 | 나중 | | 싸다 | 비싸다 |

| 가볍다 | 무겁다 | | 없다 | 있다 |

서로 뜻이 반대되거나 맞선 낱말을 쓰고 읽어 보세요.
서로 반대의 뜻을 가진 다른 낱말들도 찾아보세요.

뜻이 반대인 낱말

밝다	어둡다	멀다	가깝다
장점	단점	줄다	늘다	깊다
크다	작다	많다	적다	얕다

다음을 바르게 쓰고 큰 소리로 읽어 보세요.
한지 공예에 대해 좀 더 알아보세요.

한지 공예

나는 한지 공예를 좋
아합니다. 한지를 작은
모양으로 잘라서 색깔을
맞추어 붙여 아름다운

다음을 바르게 쓰고 큰 소리로 읽어 보세요.
한지 공예에 대해 좀 더 알아보세요.

한지 공예

그릇을 만듭니다. 내가

만든 작품을 보고 있으

면 기분이 좋습니다.

다음을 바르게 쓰고 큰 소리로 읽어 보세요.
인터넷 검색과 독서에 대해 자유롭게 이야기해 보세요.

광고 내용에 맞게 제안하기

'찾기'가 아니라

'읽기'입니다.

인터넷에서 찾아보면

금방 알 수 있다? 쉽

게 얻은 정답은 지식으

다음을 바르게 쓰고 큰 소리로 읽어 보세요.
인터넷 검색과 독서에 대해 자유롭게 이야기해 보세요.

광고 내용에 맞게 제안하기

로 오래 남기 어렵습니다. 내가 지식인이 되는 방법, 인터넷 검색이 아닌 독서입니다.

다음을 바르게 쓰고 큰 소리로 읽어 보세요.
제안하는 글에 대해 알아보세요.

제안하는 글

지난 주말에 저는 동생과 함께 집 앞 꽃밭에 꽃을 심었습니다. 그런데 오늘 물을 주려고

다음을 바르게 쓰고 큰 소리로 읽어 보세요.
이 글을 왜 썼을까요?

제안하는 글

보니 쓰레기가 꽃 주위
에 흩어져 있었습니다.
그 모습을 보니 속이
상했습니다.

다음을 바르게 쓰고 큰 소리로 읽어 보세요.
어떤 내용을 제안했나요?

제안하는 글

꽃밭에 쓰레기를 버리지 않으면 좋겠습니다. 꽃은 쓰레기가 없는 깨끗한 꽃밭에서 건강하게

다음을 바르게 쓰고 큰 소리로 읽어 보세요.
여러분도 제안하는 글을 써 보세요.

제안하는 글

자랄 수 있습니다. 우리

가 노력하면 꽃밭을 더

아름답게 가꿀 수 있습

니다.

제안하는 글을 쓸 때 주의할 점을 바르게 써 보세요.
그리고 큰 소리로 읽어 보세요.

제안하는 글 쓸 때 주의할 점

어떤 점이 문제인지

파악하고 자세히 쓴다.

문제를 해결하기 위한

자신의 의견을 제안한다.

제안하는 글을 쓸 때 주의할 점을 바르게 써 보세요.
그리고 큰 소리로 읽어 보세요.

제안하는 글 쓸 때 주의할 점

제안에 알맞은 내용을 쓴다.

제안하는 내용이 잘 드러나게 알맞은 제목을 붙인다.

다음을 바르게 쓰고 큰 소리로 읽어 보세요.
문장의 짜임에 대해 알아보세요.

문장의 짜임

날씨가 따뜻합니다.

우리 모두 운동을 합시다.

누구나 건강을 지킬 수 있습니다.

다음을 바르게 쓰고 큰 소리로 읽어 보세요.
문장의 짜임에 대해 알아보세요.

문장의 짜임

하늘이 푸르다.

영수가 축구를 합니다.

우리 반 친구들이 도
서관에서 책을 읽습니다.

다음을 바르게 쓰고 큰 소리로 읽어 보세요.
각 문장의 짜임에 대해 이야기해 보세요.

문장의 짜임

안경 쓴 아이가 두더
지를 바라봅니다.

청년이 이어폰을 꽂고
걸어갑니다.

새들이 날아갑니다.

다음을 바르게 쓰고 큰 소리로 읽어 보세요.
각 문장의 짜임에 대해 이야기해 보세요.

문장의 짜임

할머니가 지팡이를 짚고 있습니다.

분수가 물을 뿜습니다.

아저씨가 개를 데리고 갑니다.

다음을 바르게 쓰고 큰 소리로 읽어 보세요.
세종 대왕에 대해 자유롭게 이야기해 보세요.

세종 대왕의 꿈

조선 시대. 백성은 나라의 근본이요, 근본이 튼튼해야만 나라가 평안하다고 여겼던 세종 대

다음을 바르게 쓰고 큰 소리로 읽어 보세요.
세종 대왕에 대해 자유롭게 이야기해 보세요.

세종 대왕의 꿈

왕. 억울한 사람이 없고

태평한 세상, 이것이 바

로 세종 대왕이 꿈꾸던

조선이었다.

다음을 바르게 쓰고 실감 나게 읽어 보세요.
읽으면서 떠오르는 생각을 자유롭게 이야기해 보세요.

한글이 만들어진 과정

"여봐라! 효자, 효녀 들의 이야기를 백성에게 알려 효행을 깨우치게 하라!"

다음을 바르게 쓰고 실감 나게 읽어 보세요.
읽으면서 떠오르는 생각을 자유롭게 이야기해 보세요.

한글이 만들어진 과정

"여기 뭐라고 적힌 거야?"

"한자로 쓰여 있으니 암만 봐도 모르겠군."

다음을 바르게 쓰고 실감 나게 읽어 보세요.
읽으면서 떠오르는 생각을 자유롭게 이야기해 보세요.

한글이 만들어진 과정

"임금님께서 농사 잘 지으라고 책을 만드셨는데 글을 읽지 못하니 무슨 소용이람?"

다음을 바르게 쓰고 실감 나게 읽어 보세요.
읽으면서 떠오르는 생각을 자유롭게 이야기해 보세요.

한글이 만들어진 과정

"먹고살기도 바쁜데

언제 글을 배우겠나?"

"백성을 가르치고자

펴낸 책들이 제 구실을

못 하는구나."

다음을 바르게 쓰고 또박또박 읽어 보세요.
무엇에 대한 설명인지 이야기해 보세요.

훈민정음해례본

조선 세종 28년에 훈

민정음 스물여덟 자를

세상에 알릴 때 나뭇조

각에 새긴 글씨를 찍어

낸 원본. 훈민정음해례본

*두 자 이상의 아라비아 숫자는 한 칸에 두 자씩 넣어요.

다음을 바르게 쓰고 또박또박 읽어 보세요.
발음 기관과 문자의 형태에 대해 이야기해 보세요.

문자의 형태와 발음 기관

혀뿌리가 목구멍을 막는 모양

혀가 윗잇몸에 닿는 모양

입 모양

목구멍의 모양

이 모양

다음을 바르게 쓰고 실감 나게 읽어 보세요.
각 문장의 뜻에 대해 자유롭게 이야기해 보세요.

흔히 쓰이는 표현

철저히 비밀에 부치다.

칭찬을 아끼지 않다.

공부를 게을리하지 않다.

벌 떼처럼 들고일어나다.

다음을 바르게 쓰고 또박또박 읽어 보세요.
짝을 이룬 낱말의 발음을 서로 비교해 보세요.

자음자

| 공 | 꽁 | 콩 | 달 | 딸 | 탈 | 불 | 뿔 | 풀 |

| 잠 | 짬 | 참 | 동 | 똥 | 통 | 발 | 빨 | 팔 |

| 종 | 쫑 | 총 | 짐 | 찜 | 침 | 담 | 땀 | 탐 |

다음을 바르게 쓰고 큰 소리로 읽어 보세요.
각각 어떤 낱말을 설명한 문장일까요?

낱말 풀이

바위그림. 바위, 동굴의

벽면 따위에 칠하기, 새

기기, 쪼기와 같은 방법

으로 그린 그림.

임금의 초상화나 사진.

다음을 바르게 쓰고 큰 소리로 읽어 보세요.
각각 어떤 낱말을 설명한 문장일까요?

낱말 풀이

덕이 적은 사람이라는

뜻으로, 임금이 자기를

낮추어 이르던 말.

조선 제 21대 왕 영조의 어진 ▶

암각화   과인   어진

다음을 바르게 쓰고 큰 소리로 읽어 보세요.
세종이 백성들에게 준 가장 큰 선물은 무엇일까요?

낱말 풀이

궁궐 내에서, 임금이나

왕족이 걸린 병을 치료

하던 의원.　　　어의

세종이 백성들에게 준

가장 큰 선물

'히'와 '이'에 주의하며 다음을 바르게 쓰세요.
그리고 문장도 또박또박 읽어 보세요.

꾸미는 말(부사어)

묵묵히	철저히	열심히

묵묵히 일하다 **철저히** 조사하다 열심히 공부하다.

골똘히	소중히	자세히

골똘히 생각하다. 소중히 다루다. 자세히 쓰다.

곰곰이	일일이	깨끗이

곰곰이 생각하다. 일일이 살피다. 깨끗이 치우다.

다음을 바르게 쓰고 큰 소리로 읽어 보세요.
만화 속 인물의 마음을 아는 방법에 대해 알아보세요.

인물의 마음 짐작하기

만화에 나오는 인물의

마음을 짐작하려면 글뿐

만 아니라 배경, 인물의

표정과 행동, 말풍선 모

양, 글자 크기 따위를

살펴봐야 해요.

다음을 바르게 쓰고 큰 소리로 읽어 보세요.
만화 속 인물의 마음을 아는 방법에 대해 알아보세요.

인물의 마음 짐작하기

인물이 한 말로 마음을 짐작할 수 있어요.

인물 뒤편 배경으로 인물의 마음이 어떠한지 짐작할 수 있어요.

눈썹 모양과 이마의 땀으로 인물의 마음을 짐작할 수 있어요.

다음을 바르게 쓰고 큰 소리로 읽어 보세요.
만화 속 인물의 마음을 아는 방법에 대해 알아보세요.

인물의 마음 짐작하기

두 손으로 얼굴을 가

린 행동을 보고 인물이

창피해하는 것을 짐작할

수 있어요.

말풍선 테두리 모양으

로도 인물의 마음을 짐

작할 수 있어요.

다음을 바르게 쓰고 또박또박 읽어 보세요.
낱말이 어떻게 바뀌는지 잘 살펴보세요.

낱말의 형태 변화

살피다	살핌	그리다	그림
줄이다	줄임	버리다	버림
흐리다	흐림	늘이다	늘임

다음을 바르게 쓰고 또박또박 읽어 보세요.
낱말이 어떻게 바뀌는지 잘 살펴보세요.

낱말의 형태 변화

자다 잠 꾸다 꿈 추다 춤

하다 함 가다 감 자라다 자람

꾀다 꾐 보다 봄 오다 옴

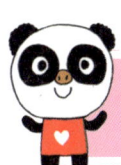

다음을 바르게 쓰고 또박또박 읽어 보세요.
낱말이 어떻게 바뀌는지 잘 살펴보세요.

낱말의 형태 변화

살	피	다
살	피	다

살	핌
살	핌

그	리	다
그	리	다

그	림
그	림

줄	이	다
줄	이	다

줄	임
줄	임

버	리	다
버	리	다

버	림
버	림

흐	리	다
흐	리	다

흐	림
흐	림

늘	이	다
늘	이	다

늘	임
늘	임

다음을 바르게 쓰고 또박또박 읽어 보세요.
낱말이 어떻게 바뀌는지 잘 살펴보세요.

낱말의 형태 변화

알다	앎	살다	삶	멀다	멂

풀다	풂	만들다	만듦

줄다	줆	늘다	늚	울다	욺

140 글씨체 바로잡기와 받아쓰기

 받침을 잘 살펴보며 낱말을 바르게 쓰고 읽어 보세요.

낚시	닦다	갔다	왔다	넋두리
닭장	찰흙	삶	굶다	넓이	짧다
핥다	읊다	싫다	옳다	잃다

뜻이 반대되는 낱말을 바르게 쓰면서 살펴보세요.

| 처음 | 나중 | 많다 | 적다 | 시작 | 끝 |

| 가볍다 | 무겁다 | 싸다 | 비싸다 |

| 줄다 | 늘다 | 밝다 | 어둡다 |

다시 한번 꼭꼭 다지기

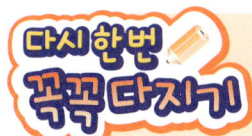

다음을 바르게 쓰고, 기본형(슬픔→슬프다)을 말해 보세요.

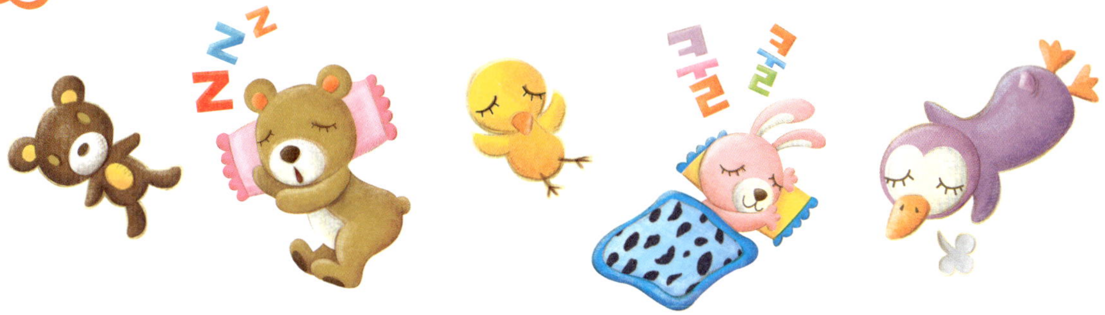

꿈 춤 잠 앎 삶 봄 함 찜

흐림 버림 줄임 자람 지움

슬픔 기쁨 아픔 살핌 그림

 다음을 바르게 쓰고, 띄어 써야 할 곳을 정확히 익히세요.

아는 것이	그럴 수 있지.

조심할 것	할 수 있어요.

마실 것	엎지를 줄이야!

단원별 받아쓰기 급수표

- 어린이가 틀리기 쉬운 낱말·구절·문장을 단원별로 정리하고, 띄어 써야 할 곳을 ∨로 표시하였습니다.
- 부모님이나 선생님께서 또박또박 불러 주시고, 어린이가 공책이나 별지에 받아쓰게 하세요.
- 띄어쓰기에도 주의하게 합니다.
- 받아쓰기를 마친 다음에는 반드시 체크하고, 틀린 곳은 정확히 익힐 수 있도록 이끌어 주세요.

독서 단원 1step 단원별 받아쓰기 급수표

① 읽을∨책을∨정하고
② 국어사전을∨활용하며
③ 중요한∨인물이나∨내용에∨대해
④ 책∨내용∨간추리기
⑤ 좋았던∨점과∨아쉬웠던∨점
⑥ 평소에∨관심이∨많았던∨분야
⑦ 우리∨주변의∨여러∨곳에서
⑧ 친구들과∨함께∨읽고
⑨ 파란∨책은∨재미있어∨보이지만
⑩ 모르는∨낱말을∨찾아∨가며

독서 단원 2step 단원별 받아쓰기 급수표

① 첫∨글자의∨첫∨자음자인
② 혼자∨소리∨내지∨않고∨읽기
③ 사람답게∨살아갈∨권리를
④ 우리는∨이들과∨어울려∨살아가고
⑤ 세상을∨움직이는∨교통∨이야기
⑥ 칠판∨앞에∨나가기∨싫어
⑦ 가난한∨동생을∨돕지∨않고
⑧ 삐삐는∨힘이∨아주∨셉니다.
⑨ 말을∨번쩍∨들어∨올렸던∨모습
⑩ 인상∨깊은∨말이나∨행동

1단원 3step 단원별 받아쓰기 급수표

① 그림에서∨가장∨눈에∨띄는∨부분
② 봄비가∨내려와∨앉으면
③ 텅∨빈∨운동장
④ 행복은∨언제나∨마음속에∨있는∨것
⑤ 웃으면∨복이∨와요
⑥ 안채와∨사랑채를∨다∨뒤져도
⑦ 수가∨매우∨많다.
⑧ 일이∨돌아가는∨형편이나∨그∨까닭
⑨ 쌀과∨같은∨곡식을∨담아∨두는
⑩ 가훈∨속에∨담긴∨뜻

1단원 4step 단원별 받아쓰기 급수표

① 유리구슬을∨잃어버렸습니다.
② 노마가∨친구를∨의심한∨것은
③ 안타까운∨마음에∨저지른∨실수
④ 어떤∨일이나∨대상에∨대한
⑤ 자신이∨잘할∨수∨있는∨일
⑥ 그림을∨그리거나∨조각하는∨일
⑦ 있는∨듯∨없는∨듯
⑧ 붉은∨진흙으로∨만들어
⑨ 적당히∨따뜻해지다.
⑩ 비가∨조용히∨드문드문∨내리는∨모양.

1단원 5step 단원별 받아쓰기 급수표

① 자신이∨할∨일을∨찾는∨것이∨중요해.
② 좋아한다∨말해∨볼까
③ 금방∨갈게.
④ 일찍∨일어날걸.
⑤ 왜∨늦을꼬?
⑥ 이∨일은∨내가∨먼저∨할게.
⑦ 너도∨같이∨왔으면∨좋았을걸.
⑧ 누가∨여기를∨청소할까?
⑨ 방이∨왜∨이리∨좁을꼬?
⑩ 그럴∨수는∨없어.

2단원 6step 단원별 받아쓰기 급수표

① 비가∨올∨때∨사용하는∨도구
② 짚이나∨띠∨같은∨풀을
③ 천이나∨비닐로∨만든∨가벼운∨우산
④ 갈색이나∨검은색∨비단에
⑤ 비에∨젖으면∨무거웠다.
⑥ 대나무를∨가늘고∨길게∨쪼개어
⑦ 눈보라가∨몰아치는∨겨울
⑧ 잘사는∨집의∨노인이∨신던
⑨ 길을∨많이∨걷거나∨하여
⑩ 가죽신을∨만드는∨일을∨직업으로∨하던

2단원 7step 단원별 받아쓰기 급수표

① 질기고∨단단하게∨하려고
② 사람의∨콧날처럼∨오뚝∨솟게
③ 산책하기∨좋은∨날씨
④ 아침저녁으로∨기온∨차가∨큼.
⑤ 전국적으로∨맑음.
⑥ 성대를∨울려∨소리를∨내지만
⑦ 코를∨골며∨자고∨있었지요.
⑧ 느티나무∨그늘에서∨낮잠∨자는∨걸
⑨ 눈도∨깜짝하지∨않았어요.
⑩ 누구나∨마음∨놓고∨쉬어∨가는∨곳

2단원 8step 단원별 받아쓰기 급수표

① 글∨전체의∨내용을∨간추린다.
② 이야기에서∨일어난∨중요한∨사건
③ 글의∨전개에∨따라
④ 독서∨기록장에∨정리해∨둘∨거야.
⑤ 우리∨가족의∨에너지∨절약∨약속
⑥ 생활을∨편하고∨넉넉하게∨하려고
⑦ 집을∨따뜻하게∨하고∨불을∨밝히려고
⑧ 외국에서∨수입해∨오고∨있다.
⑨ 동네∨사람들을∨그늘로∨부르자
⑩ 욕심쟁이∨영감의∨집

3단원 9step 단원별 받아쓰기 급수표

① 식물이∨잘∨자랄∨수∨있도록
② 네,∨그럴게요.
③ 마음이∨떨려∨얼굴이∨굳어∨있다.
④ 기분이∨매우∨좋습니다.
⑤ 우리∨반을∨위해∨열심히∨일하겠습니다.
⑥ 표정,∨몸짓,∨말투가
⑦ 물물∨교환을∨할∨때
⑧ 그것이∨바로∨돈이랍니다.
⑨ 플라스틱으로∨지폐를∨만드는∨나라
⑩ 실을∨뽑아∨천을∨짜∨내기까지

3단원 10step 단원별 받아쓰기 급수표

① 학급∨신문을∨읽는∨친구들
② 할머니∨댁에∨다녀온∨일이∨생각나.
③ 공사∨중이니∨조심할∨것.
④ 아는∨것이∨힘입니다.
⑤ 하다∨보면∨그럴∨수도∨있지.
⑥ 나도∨그럴∨줄은∨몰랐어요.
⑦ 제게∨마실∨것∨좀∨주세요.
⑧ 너도∨그걸∨할∨줄∨아는구나!
⑨ 하는∨수∨없이∨터벅터벅
⑩ 물컵을∨엎지를∨줄이야!

4단원 11step 단원별 받아쓰기 급수표

① 자연을∨아끼고∨사랑하면∨좋겠어.
② 하늘에는∨구름이∨떠∨있어.
③ 우리∨조상의∨생활∨모습을∨담은
④ 호랑이는∨동물이다.
⑤ 엄마를∨도와∨설거지를∨했다.
⑥ 생일∨선물로∨꽃을∨받았다.
⑦ 공부가∨끝나고∨교문을∨나섰다.
⑧ 물을∨아껴∨쓰자.
⑨ 교실을∨깨끗이∨하자.
⑩ 여행을∨하면∨즐겁다.

4단원 12step 단원별 받아쓰기 급수표

① 넓고∨푸른∨바다가∨펼쳐졌다.
② 책이나∨인터넷에서만∨보던
③ 독도에∨발을∨내딛는∨순간
④ 괭이갈매기가∨우리를∨반겨∨주었다.
⑤ 슴새나∨바다제비를∨직접∨보니
⑥ 식물이∨잘∨자라기∨힘든∨곳이다.
⑦ 아름답고∨생명력∨넘치는
⑧ 가슴이∨탁∨트이는∨것∨같았다.
⑨ 한참을∨지나∨드디어∨독도에∨도착했다.
⑩ 철마다∨머물다∨간다고∨한다.

4단원 13step 단원별 받아쓰기 급수표

① 맨드라미와∨쇠똥벌레
② 큼지막한∨수박∨두∨개가
③ 여뀌와∨사마귀
④ 나비의∨색깔이∨서로∨대비를∨이루어
⑤ 과학의∨날∨행사
⑥ 어떤∨사실이나∨대상에∨대한∨생각
⑦ 마을∨뒤에∨둘러선∨산들
⑧ 천체의∨움직임과∨방위를∨재는
⑨ 이른∨아침부터∨늦은∨밤까지
⑩ 지혜롭고∨남을∨배려해∨주는

5단원 14step 단원별 받아쓰기 급수표

① 그림이나∨글씨∨따위를
② 양∨끝에∨가로로∨막대를∨대어
③ 만∨섬가량을∨거두어들일∨만한
④ 볼∨만큼∨보았어.
⑤ 노력한∨만큼∨얻게∨될∨거야.
⑥ 될∨수∨있는∨대로∨빨리∨오시오.
⑦ 소문으로만∨들었을∨뿐이에요.
⑧ 원하는∨대로∨해∨주겠습니다.
⑨ 모두∨구경만∨할∨뿐이었어요.
⑩ 숨소리가∨들릴∨만큼∨조용했어요.

5단원 15step 단원별 받아쓰기 급수표

① 솔직히∨아는∨대로∨말해∨봅시다.
② 말만∨하지∨않았을∨뿐이지
③ 감나무가∨있는∨집∨한∨채만
④ 나머지는∨모두∨자신이∨차지했다.
⑤ 목표한∨지점까지∨다∨달리다.
⑥ 땀이∨비∨오듯∨흘렀지만
⑦ 그날∨아빠가∨흘린∨땀은
⑧ 마라톤∨대회에∨참가하려고
⑨ 고양이는∨낄낄낄∨웃었어요.
⑩ 기회는∨딱∨한∨번뿐이에요.

6단원 16step 단원별 받아쓰기 급수표

① 문제를∨해결하는∨좋은∨방법
② 회의∨절차와∨참여자∨역할
③ 안전∨게시판을∨만들면∨좋겠습니다.
④ 학교생활을∨안전하게∨하려면
⑤ 학생들이∨스스로∨노력하기보다
⑥ 의견을∨뒷받침할∨수∨있는∨근거
⑦ 골고루∨말할∨기회를∨준다.
⑧ 개가∨강아지를∨낳았다.
⑨ 짐이∨많아서∨너무∨무거워.
⑩ 책이∨겨우∨손에∨닿았다.

7단원 17step 단원별 받아쓰기 급수표

① 두꺼운∨얼음처럼∨하얗게∨보이는
② 길게∨뻗은∨좁은∨협곡
③ 색종이로∨꽃잎을∨접는다.
④ 색종이∨끝을∨묶어서
⑤ 아빠는∨꽃자루에∨붙인다.
⑥ 나는∨한지∨공예를∨좋아합니다.
⑦ 멀리서∨무선∨신호를∨보낸다고
⑧ 하늘을∨관측하던∨과학자들에게
⑨ 강줄기가∨마른∨것처럼∨보이는∨곳도
⑩ 밝게∨빛나는∨붉은∨별이기에

7단원 18step 단원별 받아쓰기 급수표

① 태양계∨행성∨가운데∨가장∨거대한
② 화성인∨또는∨외계인까지는∨아니더라도
③ 물의∨영향을∨받은∨암석을∨발견했다.
④ 물속과∨물∨밖의∨환경이
⑤ 쌍둥이∨화성∨로봇∨탐사선인
⑥ 사람이∨살아가는∨데∨필요한
⑦ 젖을∨먹여∨키우는∨포유동물
⑧ 사전에∨실을∨낱말∨정하기
⑨ 그다지∨훌륭하지∨아니하다.
⑩ 신선한∨물과∨풀

7단원 19step 단원별 받아쓰기 급수표

① 영국을∨비롯한∨여러∨나라에서
② 영국으로∨이주해∨와서∨살고∨있는
③ 간장,∨된장,∨고추장∨따위
④ 지우개를∨사용해서∨글자를∨지워요.
⑤ 폐수가∨땅에∨흡수되면
⑥ 동생을∨공부시키기가∨힘들어요.
⑦ 농장∨입구에∨들어서자
⑧ 고약한∨냄새가∨났다.
⑨ 흐뭇한∨얼굴로∨말했어요.
⑩ 짭짤하고∨달큰한∨간장

8단원 20step 단원별 받아쓰기 급수표

① 새∨학기가∨되고∨며칠∨지나지∨않아
② 석고∨붕대를∨한∨친구는
③ 놀라∨멈추려∨하다가∨미끄러져
④ 다리에∨금이∨갔다고∨한다.
⑤ 학교∨안에서∨일어난∨안전사고가
⑥ 앞에서∨누가∨나타나면
⑦ 누가∨언제∨튀어나올지∨몰라
⑧ 더∨즐겁게∨지낼∨수
⑨ 친구들이∨복도를∨지나다닐∨때
⑩ 복도에∨안전∨거울을∨설치해∨주세요

8단원 21step 단원별 받아쓰기 급수표

① 책장을 ∨ 넘기라는 ∨ 뜻입니다.
② 인터넷 ∨ 검색이 ∨ 아닌 ∨ 독서입니다.
③ 지식으로 ∨ 오래 ∨ 남기 ∨ 어렵습니다.
④ 쉽게 ∨ 얻은 ∨ 정답은
⑤ 쓰레기를 ∨ 버리지 ∨ 않으면 ∨ 좋겠습니다.
⑥ 건강하게 ∨ 자랄 ∨ 수 ∨ 있습니다.
⑦ 그 ∨ 모습을 ∨ 보니 ∨ 속이 ∨ 상했습니다.
⑧ 지난 ∨ 주말에 ∨ 저는 ∨ 동생과 ∨ 함께
⑨ 날씨가 ∨ 따뜻합니다.
⑩ 우리 ∨ 모두 ∨ 운동을 ∨ 합시다.

8단원 22step 단원별 받아쓰기 급수표

① 할머니가 ∨ 아이를 ∨ 쳐다봅니다.
② 물은 ∨ 사람이 ∨ 살아가는 ∨ 데 ∨ 매우 ∨ 중요합니다.
③ 깨끗한 ∨ 물을 ∨ 구하지 ∨ 못해
④ 어려움을 ∨ 겪고 ∨ 있습니다.
⑤ 생명이 ∨ 위험할 ∨ 수 ∨ 있습니다.
⑥ 어떤 ∨ 점이 ∨ 문제인지 ∨ 파악하고
⑦ 자신의 ∨ 의견을 ∨ 제안한다.
⑧ 내용이 ∨ 잘 ∨ 드러나게 ∨ 알맞은
⑨ 무엇이 ∨ 더 ∨ 나아지는지를
⑩ 제목을 ∨ 미리 ∨ 정해 ∨ 놓고

9단원 23step 단원별 받아쓰기 급수표

① 문자가 ∨ 없었을 ∨ 때에는
② 자기 ∨ 생각을 ∨ 어떻게 ∨ 적었을지
③ 문자를 ∨ 쓰거나 ∨ 읽을 ∨ 수 ∨ 없다면
④ 백성은 ∨ 나라의 ∨ 근본이요,
⑤ 억울한 ∨ 사람이 ∨ 없고 ∨ 태평한
⑥ 한자로 ∨ 쓰여 ∨ 있으니
⑦ 농사 ∨ 잘 ∨ 지으라고 ∨ 책을 ∨ 만드셨다는데
⑧ 제구실을 ∨ 못 ∨ 하는구나.
⑨ 억울한 ∨ 일을 ∨ 당하는 ∨ 사람이
⑩ 먹고살기도 ∨ 바쁜데

9단원 24step 단원별 받아쓰기 급수표

① 벌 ∨ 떼처럼 ∨ 들고일어날 ∨ 게
② 글은 ∨ 말과 ∨ 같아야 ∨ 한다.
③ 훈민정음 ∨ 스물여덟 ∨ 자를
④ 나뭇조각에 ∨ 새긴 ∨ 글씨를 ∨ 찍어 ∨ 낸
⑤ 적은 ∨ 수의 ∨ 문자로 ∨ 많은 ∨ 소리를
⑥ 말은 ∨ 있지만 ∨ 문자가 ∨ 없는
⑦ 독창성이 ∨ 있고 ∨ 과학적인
⑧ 발음 ∨ 기관의 ∨ 모양을 ∨ 본떠
⑨ 세종은 ∨ 눈이 ∨ 나빠져도
⑩ 백성들에게 ∨ 준 ∨ 가장 ∨ 큰 ∨ 선물

9단원 25step 단원별 받아쓰기 급수표

① 백성을∨아끼고∨사랑하는∨정신
② 다른∨사람에게∨도움을∨받거나
③ 자음자와∨모음자를∨만든∨원리
④ 뒤늦게∨발견했기∨때문에
⑤ 소중한∨우리∨문화유산입니다.
⑥ 자세하게∨설명해∨놓은∨책
⑦ 자장면과∨짜장면
⑧ 태껸과∨택견
⑨ 추측할∨수밖에∨없었습니다.
⑩ 세계∨기록∨유산으로∨지정한

10단원 26step 단원별 받아쓰기 급수표

① 여러∨가지∨얼굴∨표정
② 오늘∨아빠∨생신이라
③ 약을∨먹을∨때에는
④ 미지근한∨물과∨함께
⑤ 정해진∨양을∨정해진∨시간에
⑥ 병원∨가서∨진료를∨받는다.
⑦ 흐르는∨물로∨충분히∨씻어∨낸다.
⑧ 이젠∨뭘∨먹지?
⑨ 모르는∨게∨없이∨똑똑하단∨말이야.
⑩ 두∨번째∨그림에서

10단원 27step 단원별 받아쓰기 급수표

① 인물의∨표정과∨행동
② 설명서와∨유통∨기한을∨확인해야
③ 헤헤,∨엄청∨맛있다.
④ 날아갈∨것∨같은∨마음
⑤ 모둠원끼리∨의논해
⑥ 기쁜∨마음을∨어떻게∨나타낼까?
⑦ 인물∨뒤편∨배경으로도
⑧ 눈썹∨모양과∨이마의∨땀으로
⑨ 말풍선∨테두리∨모양으로도
⑩ 깜짝∨놀란∨것∨같습니다.

10단원 28step 단원별 받아쓰기 급수표

① 목도∨얼굴도∨화끈화끈하네!
② 틀리면∨무슨∨망신이냐.
③ 대체∨어떻게∨된∨거지?
④ 이런∨기분에∨자전거를∨타는구나.
⑤ 두∨개의∨동그라미만으로
⑥ 말투로도∨마음을∨짐작할∨수∨있어요.
⑦ 집으로∨돌아오는∨길에
⑧ 소년은∨고추∨맛을∨어떻게∨느꼈나요?
⑨ 어울리는∨소리를∨내면∨좋겠어.
⑩ 오랜만에∨찾아온∨손님이니